François M'pangani

Les quatre comportements négatifs qui attirent la colère de DIEU

AF209958

François M'pangani

Les quatre comportements négatifs qui attirent la colère de DIEU

Témoignage

Éditions Croix du Salut

Imprint

Any brand names and product names mentioned in this book are subject to trademark, brand or patent protection and are trademarks or registered trademarks of their respective holders. The use of brand names, product names, common names, trade names, product descriptions etc. even without a particular marking in this work is in no way to be construed to mean that such names may be regarded as unrestricted in respect of trademark and brand protection legislation and could thus be used by anyone.

Cover image: www.ingimage.com

Publisher:
Éditions Croix du Salut
is a trademark of
Dodo Books Indian Ocean Ltd. and OmniScriptum S.R.L publishing group

120 High Road, East Finchley, London, N2 9ED, United Kingdom
Str. Armeneasca 28/1, office 1, Chisinau MD-2012, Republic of Moldova, Europe
Managing Directors: Ieva Konstantinova, Victoria Ursu
info@omniscriptum.com

Printed at: see last page
ISBN: 978-620-6-17110-2

Copyright © François M'pangani
Copyright © 2025 Dodo Books Indian Ocean Ltd. and OmniScriptum S.R.L publishing group

Les quatre comportements négatifs qui attirent la colère de Dieu

François M'PANGANI

Les quatre comportements négatifs qui attirent la colère de Dieu

Témoignage

Dédicace

A La Communauté des Chrétiens Bénis ;

Padre Francis Maxuel Kossy GADENGA, mon père spirituel ;

L'Apôtre Irène Maxuel Kossy GADENGA la chère et tendre épouse de mon père spirituel ;

A ma chère et tendre petite sœur défunte Véronique BILONGO ;

Au conseil Apostolique de la CCB ;

Au conseil Pastoral de la CCB ;

Au Corps de Christ ;

A toute personne qui croit à l'existence de Dieu Créateur ;

A la famille MOUKOUANGA

La famille M'PANGANI ;

A ma belle-famille ;

A ma chère et tendre épouse le Pasteur Flore M'PANGANI ; pour son soutien moral affectif et spirituel ;

A tous mes enfants spirituels ;

A mes enfants biologiques :

A mon fils ainé : Aymard julien M'PANGANI ;

A mon second fils : Christ Mervelli Massengo M'PANGANI ;

A ma première fille : Francia Syl Ganielle M'PANGANI ;

A mon troisième fils : Dupuy Yann Koussingou-M'PANGANI ;

A ma deuxième fille : Falore Surprise Ngalifourou M'PANGANI

A mon quatrième fils : Isaac De Dieu François M'PANGANI ;

A mon cinquième fils : Gloire Fidélité Malachie M'PANGANI ;

A ma troisième fille :   Flore Véronie Havila M'PANGANI ;

A ma quatrième et dernière fille : Louange Jémima NDOULOU M'PANGANI ;

Aux autorités politico-administratives de ma chère patrie le Congo ;

A toute personne créée à l'image et à la ressemblance de Dieu.

Mon grand-frère MOUKOUANGA Gabriel pour sa contribution à mon affermissement ;

A vous mes enfants puisse cet ouvrage soit un exemple pour votre avenir.

MES REMERCIEMENTS

J'adresse mes remerciements à :

Au Seigneur propriétaire de cet ouvrage

Mon père spirituel le Patriarche Francis Gadenga Maxuel Kossy, pour son encadrement spirituel ;

A ma défunte cadette maman Véronique Bilongo, pour m'avoir montré la voie du salut « la CCB » ;

Mon grand-frère MOUKOUANGA Gabriel pour sa contribution financière ;

A ma chère et tendre épouse pour soutien moral affectif et spirituel et ses encouragements ;

A l'évangéliste Cédric MOBOUNOU de CEDRE-BOOKS pour ses conseils et encouragements

A l'Evangéliste MELO Fleury LOMINA pour ses conseils et encouragements ;

A l'Ecrivain Eliot MALONGA pour son encadrement ;

A tous ceux qui prêt ou de loin ont contribué à la réalisation de cet ouvrage ;

Avant-Propos

A tout Homme créé à l'image et à la ressemblance de Dieu sans distinction de race ou religion, de rang social et d'ethnie, petit comme grand, la Bible déclare : « C'est pour la liberté que Christ nous a affranchis. Demeurez donc fermes, et ne vous laissez pas mettre de nouveau sous le joug de la servitude » Galates5 : 1

C'est ici une interpellation du Seigneur à tout Homme en général, mais aux enfants de Dieu en particulier. La scène se déroule en mai 2015, alors qu'une équipe de la Direction Départementale de la santé de la Cuvette effectuait une mission d'inspection des structures sanitaires sous tutelles ; plus précisément dans le District Sanitaire de MOSSAKA-LOUKOLELA Cette équipe était composée de six personnes, dont moi-même, nous voyagions à bord d'un canon rapide 150chevaux de la Direction Départementale de l'Enseignement Primaire-Secondaire et de l'Alphabétisation Cuvette (DDEPSA). La navigation s'effectuée sur le fleuve KOUYOU, sur une distance de deux cent dix (210) kilomètres pour trois heures au moins de route.

Pendant le voyage, à la hauteur du village LOUKAKOUA, emporté par l'assoupissement avec un léger sommeil, à cause du bercement par l'appareil nautique qui glissait et survolait de temps à autre sur les vagues du majestueux fleuve KOUYOU, dans cet état, une voix d'homme m'appela par mon prénom : François ! François ! Croyant que les compagnons de voyage m'appelaient, s'étant réveillé, j'avais constaté que tous mes collègues frappés par la beauté de la flore et des oiseaux aux beaux plumages qui jonchaient les rivages du fleuve, étaient tous concentrés sur ce paysage. Le sommeil m'ayant encore emporté, la même voix m'interpela une seconde fois, puis une troisième fois ; cette fois-ci, je compris que le Seigneur voulait me parler : Il me dit : « François sais-tu que beaucoup de gens et même des nations entières   sont sous ma colère ; je répondis ah ! Bon Seigneur ! Il dit : Eh oui, mêmes ceux qui se disent serviteurs ! Ah bon Seigneur ! S'exclamai-je. C'est pour cela, je te confie cette mission, tu iras partout où les portes te seront ouvertes, tu leur parleras de ma part afin qu'ils aient à se repentir avant mon retour ; en effet, j'ai beaucoup de gens à délivrer de mon ardente colère. Voici, le message que tu leur apporteras, je serai avec toi : « 1Corinthiens10 : 1 à 12 »

Vu l'accomplissement quotidien des signes précurseurs du retour glorieux du Seigneur Fils de l'homme, selon Matthieu 24, et l'Apôtre Paul qui, dans ses épitres aux Ephésiens et à Timothée, nous exhorte « de racheter le temps car les jours sont mauvais. », « dans les derniers jours, il y aura des temps difficiles...» Ephésiens5 :16 ; 2Timothée3 : 1-5 ; l'immensité des moyens multiformes et du temps que pouvaient m'exiger la réalisation de cette grande mission mondiale, Le Saint Esprit m'a convaincu que la rédaction du livre permettrait une diffusion plus large et rapide de cette information, d'où notre motivation.

Chers lecteurs contribuez tous à la propagation rapide de ce message à travers les nations ; c'est pourquoi je vous prierai qu'après la lecture de ce livre ne gardez pas pour vous-mêmes ce que vous aurez reçu, veuillez le partager à vos amis, vos proches et connaissances sans tenir compte de leur statut social et ou leur appartenance dénominationnelle.

A vous prédicateurs, vous organiserez des séminaires, des conférences et des conventions en vue d'atteindre le maximum, à la satisfaction de notre Seigneur et Sauveur qui ne tarde pas dans l'accomplissement de la promesse, comme quelques-uns le croient ; mais il use de patience envers vous, ne voulant pas qu'aucun périsse, mais voulant que tous arrivent à la repentance ; et que Cette bonne nouvelle du royaume sera prêchée dans le monde entier, pour servir de témoignage à toutes les nations. Alors viendra la fin : 2Pi3 : 9 ; Mth24 : 14

Dans l'espoir de croire que cette interpellation retiendra l'attention de tout lecteur, puisse l'Esprit de Christ continue à vous éclairer en tant que meilleur pédagogue, pour une bonne compréhension et appropriation de ce message.

Bénédictions abondantes en Christ-Jésus notre Seigneur et Sauveur !

Apôtre François M'PANGANI

Introduction

A I / Généralités :

1. Définitions   :
comportement= attitude= manière de se conduire vis à vis de :

On peut aussi dire que c'est l'éthique morale qui traite essentiellement des exigences de Dieu ;

Attirer : Faire venir à soi ;

Colère : Emotion « réaction » violente qui pousse un être à se venger du mal qu'on lui a fait, ou qu'on a voulu lui faire : Gen3 : 14 ; Ex4 : 14 ;

2. La volonté de Dieu :

Dieu est seul bon : Marc 10 :18 ; sa volonté est parfaite, elle a été révélée dans sa loi « Rom12 :2,18 ». Cette volonté exige que tout appelé de Dieu, ne vive pas comme les gens vivent maintenant, mais, ils doivent se laisser transformer par Dieu en leur donnant une nouvelle intelligence, afin de discerner ce que Dieu veut : ce qui est bon, agréable et parfait et vivre en harmonie avec tous les hommes.

Cette loi exige que tout appelé imite Dieu qui est saint « Lév.11 :44 ; 1Pierre 1 :14-17 », en manifestant la perfection du père céleste et vivre l'amour du Christ- Jésus « Matt.5 :48 ; Eph5 :1 ; Ph.1 :27 ; 1Tim.3 :15 ; 1Tim. 4 :12 ; 1Pi.1 :14-17 »

3. Constat de Dieu

Malgré la loi et les prophètes, Dieu constate que son peuple est toujours hors sa volonté. « Ez36 :17-18 » Ce comportement négatif qui perdure jusqu'à nos jours, contraint Dieu à déverser sa fureur ardente sur tous ceux qui sont loin de sa volonté.

Mais Dieu est amour, en sacrifiant son propre Fils à la croix : Jn3 :16, ne veut pas que l'homme créé à son image et sa ressemblance puisse continuer à subir sa fureur ou sa colère, souffrir et périr, car Il a formé pour lui des projets de paix et non de malheur. « Jér.29 : 11 »; c'est pour cette raison qu'il a révélé à son serviteur Paul cet enseignement, en vue de mettre en garde les personnes de cette génération de ne pas imiter la conduite de leurs ancêtres sortis du pays d'esclavage qui, sauf Josué et Caleb, périrent tous dans le désert.

Ce dernier exhorte à présent tout homme en tout lieu qu'il se trouverait qu'il ait à se repentir, persuadant chacun de ne point devenir idolâtre ; de ne point se livrer à la débauche ou à l'impudicité ; de ne point tenter Dieu et de ne point murmurer. Sachant que ceux qui se sont comportés de la sorte, ont tous été exposés à la mort et périrent. Ex32 :7-10 ; Nom.14 :36-37 ; Nom.25 :1,9 ; Ps106 :14-15 ; Act.17 :30

B.   LES QUATRE COMPORTEMENTS « OU LES 4 NE POINT »:

Selon la révélation de l'apôtre Paul, nous notifions quatre comportements distincts qui exposent l'homme en général à la colère de Dieu :

1. NE DEVENEZ POINT IDÔLATRES ;

2. NE NOUS LIVRONS POINT A L'IMPUDICITE/ LA DEBAUCHE ;

3. NE TENTONS POINT LE SEIGNEUR ;

4. NE MURMUREZ POINT.

COMPORTEMENT N° 1 :

NE DEVENEZ POINT IDOLATRES
Exode20 : 1-6 ; Lévitique26 : 1 ; 1Jean5 : 20-21

« Alors Dieu prononça toutes ces paroles, en disant : Je suis l'Éternel, ton Dieu, qui t'ai fait sortir du pays d'Égypte, de la maison de servitude. Tu n'auras pas d'autres dieux devant ma face. Tu ne te feras point d'image taillée, ni de représentation quelconque des choses qui sont en haut dans les cieux, qui sont en bas sur la terre, et qui sont dans les eaux plus bas que la terre. Tu ne te prosterneras point devant elles, et tu ne les serviras point ; car moi, l'Éternel, ton Dieu, je suis un Dieu jaloux, qui punis l'iniquité des pères sur les enfants jusqu'à la troisième et la quatrième génération de ceux qui me haïssent, et qui fais miséricorde jusqu'à mille générations à ceux qui m'aiment et qui gardent mes commandements ». Exode20 : 1-6,

« Vous ne vous ferez point d'idoles. Vous ne vous élèverez ni image taillée, ni statue, et vous ne placerez dans votre pays aucune pierre ornée de figures, pour vous prosterner devant elle ; car je suis l'Eternel, votre Dieu ». Lévitique26 : 1

« Nous savons aussi que le Fils de Dieu est venu, et qu'il nous a donné l'intelligence pour connaître le Véritable ; et nous sommes dans le Véritable, en son Fils Jésus-Christ. C'est lui qui est le Dieu véritable, et la vie éternelle. Petits enfants, gardez-vous des idoles » 1Jean5 : 20-21

Définition :

Un idolâtre : c'est quelqu'un qui adore les idoles ou les créatures 1Cor.5 :9-10 ; Ephesien.5 :5 ; Apocalypse.21 :8 ; Apocalypse.22 :15.

L'idolâtrie : c'est l'adoration des idoles ou des créatures : Gén35 :2 ; Deut.4 :15-18,23-24 ; 1Rois.9 :6-7, 9 ; Job31 :26-28 ; Jonas2 :9.

L'idole : C'est une figure, une statue représentant une divinité et qui est l'objet d'un culte : Lév.26 :1 ; 2Sa.5 :21 ; Act.7 :41 ; Rom.2 :22 « Deut7 :25 ; Mal3 :8-10 » ; 1Cor.8 : 1,4 ; 1Thess.1 :9 ;

Elle peut aussi être une personne influente décédée immortalisée érigée en statut : Ex les présidents ; les rois ; les personnes historiques ; les stars sportives ; musicales ; les Ecrivains ; etc.

1. Les objets Adorés par nos ancêtres

Les écritures nous font état de plusieurs idoles ayant fait l'objet de leur adoration, parmi lesquels nous pouvons citer :
Le veau d'or :
Exo.32 :4 ; Deut.9 :16 ; Act.7 :41
Les deux veaux d'or de Jéroboam : 1Rois12 :28 ; 2Rois.10 :29
Les corps célestes : Deut.4 :19 ; Deut.17 :3 ;

Les Théraphim (images) Gen.31 :19,34 ; 1Sa.19 :13 ;

Les démons : 1Cor.10 :20 ; Apo.9 :20 ;

Les dieux des nations : Ashtaroth ; Baal ; Baal-Peor ; Dagon ; Diane ; Kemosh ; Moloch ;

2. Les objets adorés de nos jours

Tout comme au temps de nos ancêtres, plusieurs éléments font l'objet des cultes et sont adorés :
- ✓ Les statuettes et objets religieux ;
- ✓ Les statuettes ancestrales ;
- ✓ Les images des religieux ;
- ✓ Les anges « St. Michel archange, St. Gabriel ; etc… »
- ✓ Les personnes religieuses décédées encore appelées « saints » ;
- ✓ Les hommes « les apôtres ; les Evangélistes ; les pro-phètes ; les docteurs ; les pasteurs ;
- ✓ Les morts « les martyres » ;
- ✓ Les hommes politiques influents décédés immorta-lisées, tels que Les présidents, etc. :
- ✓ Les artistes ;
- ✓ Les vedettes sportives, musicales ;
- ✓ Les écrivains ;
- ✓ Certains leaders d'opinion ;
- ✓ Les parents décédés ;
- ✓ Les structures (sportives, scolaires, sanitaires, les Villes, Avenues, ruelles…) dédiées aux personnes décédées) ;
- ✓ Les pays dédiés à Satan ;
  NB : La parole de Dieu nous enseigne que les noms ont une certaine influence (positive ou négative) : JAEBETS, bien que plus considéré que ses frères, mais à cause du nom que sa mère lui donna, pour

l'avoir enfanté dans la douleur, influença négative-
ment sa vie, demanda à Dieu de le bénir, d'étendre
ses limites et de le préserver du malheur... 1Chro-
niques4 : 9-10 ; dans l'une des langues congolaises,
le nom de MPASSI = souffrances, influence négati-
vement tous les domaines de la vie de cette personne ;

✓ Les objets « l'argent ; les bijoux ; les vêtements ; les
pagnes ; le travail ; la télévision ; le téléphone ; la
musique ; la radio ; la voiture ; les médailles ; les ta-
lismans ; les fétiches ; les drapeaux etc... »
✓ Autres : « la nourriture ; la boisson ; le sexe ; le
sport ; les fêtes ; le sommeil ; etc... »
✓ Les monuments magiques « hauts lieux »;
✓ En bref, toute chose qui prend la place de Dieu est
considérée comme une idole.

3.   Les idolâtres de la Bible

En Egypte et au désert : les Israélites : Exo.32 :1 ; Nom.25 :1 ;
Deut.9 :12, 21 ; Josué24 :14,23 ; Sous les juges : les Israélites :
Juges2 :3 Sous les Rois :

- Salomon :   1 Rois 11 :1-8
- Jéroboam : 1Rois 12 :28-29
- Roboam :   1Rois 14 :22-23
- Nadab :   1 Rois15 :26
- Zimri :   1Rois 16 :19
- Achab :   1Rois16 :30-33
- Joram :   2 Rois 8 :18
- Azaria :   2Rois 15 :4-5
- Zacharie, Manahem, Pekakhia, Pekakh

(2 Rois 15 :9, 18, 24, 28 ; etc...)

4.   A qui profite l'idolâtrie

Dieu est jaloux. Il ne veut pas partager sa gloire avec quelqu'un d'autre, surtout pas avec les idoles Es42 : 8, L'idolâtrie excite donc sa colère. Mais plus tôt elle profite à Satan qui veut être adoré à la place de Dieu : Matthieu4 : 9, les idolâtres s'exposent à la colère de Dieu manifestée par des malédictions multiples et la mort : Exo 22 :20 ; Deut.4 :25-26.

6. Conséquences de l'idolâtrie

Plusieurs sanctions sont prévues pour les idolâtres :

L'exclusion ou retranchement du milieu du peuple Lév.20 :5
L'extermination : Exo22 :20 ;
Les malédictions multiformes ;
La mort « spirituelle et physique » et la seconde mort « destruction totale » : Lév20 :2 ; Nom.25 :4-5 ; Rom.6 :23 ; Apo.14 :9-11 ; Apo.21 :8 ; Apo.22 :15
Fermeture du royaume des cieux : 1Cor.6 :9-10 ; Eph5 :5

7. Position de Dieu par rapport à l'idolâtrie

Devant l'Eternel, L'idolâtrie parait comme une corruption, une injure et une abomination, étant un Dieu jaloux, il avait ordonné la destruction sur toute l'étendue du territoire Israélien des autels, des hauts lieux et de toutes les statues. Cette ordonnance fut exécutée dans plusieurs lieux :

Michée5 :13-14 ; Za13 :2. Exo.23 :24 ; Exo34 :13 ; Nom.33 : 52 ; Deut.7 :5 ; Deut.12 :2-3 ;

8. Conclusion

Sachant que l'idolâtrie est une abomination, interdite par Dieu, nous devons l'éviter et en sortir.

NB : Mais niveau des nations, des réformes socio-culturel-politico-administratives s'imposent pour sortir nos pays de la colère et des diverses malédictions de Dieu constatées çà et là dans le monde.

Au niveau de l'**UNESCO** ; redéfinir la politique sur les critères de choix des œuvres d'arts à inscrire au patrimoine des nations.

Exo20 :3-5 ; 1Rois9 :6-9 ; Act.19 :18-19 ; 1Jn5 :21

COMPORTEMENT N°2

NE NOUS LIVRONS POINT A LA DEBAUCHE
Nom.25 :1-3,9 ; 1Cor 6 : 15-18

« Israël demeurait à Sittim ; et le peuple commença à se livrer à la débauche avec les filles de Moab. Elles invitèrent le peuple aux sacrifices de leurs dieux ; et le peuple mangea, et se prosterna devant leurs dieux. Israël s'attacha à Baal-Peor, et la colère de l'Éternel s'enflamma contre Israël, Il y en eut vingt-quatre mille qui moururent de la plaie » Nom25 : 1-3 ; 9
« Ne savez-vous pas que vos corps sont des membres de Christ ? Prendrai-je donc les membres de Christ, pour en faire les membres d'une prostituée ? Loin de là ! Ne savez-vous pas que celui qui s'attache à la prostituée est un seul corps avec elle ? Car, est-il dit, les deux deviendront une seule chair. Mais celui qui s'attache au Seigneur est avec lui un seul esprit. Fuyez l'impudicité. Quelques autre péché qu'un homme commette, ce Péché est hors le corps ; mais celui qui se livre à l'impudicité, pèche contre son propre corps. » 1Cor 6 : 15-18

I. Définitions :

La débauche :
Il s'agit d'une Incontinence outrée ou un manque de maîtrise de soi ; C'est l'usage excessif de quelque chose. Ez16:24, 31, 39; Luc15:13; Rom13:13; Eph.4:19; 1Pierre 4: 3.
L'impudicité :
=Caractère de ce qui est impudique Marc7 : 21 ; Marc5 : 1 ; 2Cor.12 :21 ; Gal.5 :19-21 ;
= Il s'agit de tout contact sexuel hors mariage. Eph5 : 3 ;
=Il peut s'agir aussi du vagabondage spirituel : Héb10 : 25

Les différentes formes de la débauche/impudicité :
1. La fornication :

Il s'agit des relations charnelles entre personnes non mariées ; c'est une infidélité le plus souvent, ces relations se font entre les Frères et les sœurs dans l'assemblée. Exo22 :16 ;
Lév.19 :20 ; Deut.22 :21 ; 1Cor.5 :1 ; Eph5 : 3
L'impudicité est une forme d'idolâtrie Col.3 :5 ; Apo14 : 8 ; Apo18 :3,9
Elle est prohibée : Deut.23 :17 ; Act.15 :20 ; 1Cor.6 :18 ; 1thess.4 :3
2. L'adultère :

C'est une infidélité conjugale, un crime destructeur du bonheur personnel, familial et national.
Il révèle l'absence de toute affection sociale et prouve la dépravation du cœur de l'homme.
Dieu y a toujours manifesté son indignation, les lois païennes également étaient sévères envers celui qui était coupable de ce péché.
Sous la loi, l'homme ne commettait l'adultère qu'avec une femme mariée ou fiancée. Tandis que la femme commettait adultère en ayant commerce avec tout homme que son époux.

3. La débauche spirituelle :

Dans la deuxième épitre aux Corinthiens au chapitre onze, au deuxième verset, l'Apôtre Paul manifeste sa jalousie envers les Corinthiens parce qu'il les avait fiancés à un seul époux, afin de les présenter à Christ comme une vierge pure. Cela voulait simplement dire si un enfant va loin de Christ qui est le chemin, la vérité et la vie, l'époux légitime, il commet une débauche spirituelle.

Exemple : Malgré les bons conseils de son père David « Et toi, Salomon, mon fils, connais le Dieu de ton père, et sers-le d'un cœur dévoué et d'une âme bien disposée, car l'Éternel sonde tous les cœurs et pénètre tous les desseins et toutes les pensées. Si tu le cherches, il se laissera trouver par toi ; mais si tu l'abandonnes, il te rejettera pour toujours », son fils Salomon qui, au départ aimait Dieu de tout son cœur, il lui offrit en sacrifice mille holocaustes sur l'autel, en s'attachant aux multiples femmes étrangères (sept cents princesses et trois concubines), pourtant interdites par Dieu, celles-ci inclinèrent son cœur vers leurs dieux abandonnant ainsi le Dieu de son père David : 1Chroniques28 :9 ; 1Rois3 : 3-4 ; 1Rois11 : 1-5

4. Les autres formes de l'impudicité :

>   L'homosexualité : Rom.1 :27
>   Les efféminés (les lesbiennes, les infâmes :
>   Rom.1 :26 ; 1Cor.6 :10)
>   La Pédophilie : Lév18 : 7 ; NB : ceux qui la
>   fête de Saint Valentin sont impliqués dans ce
>   péché : 2Jn 1O-11 ;
>   La sodomie : Rom1 :27 ;
>   La masturbation : Rom.1 :26 ; 1Cor.6 :10
>   L'anima-sexualité : Lév18 : 23 ; Deut27 :21
>   L'inceste : Deut27 :20, 22, 23 ; Lév.18 :6-23
>   Le viol : Gen.34 :1-2

5. Conséquences de l'adultère :

Sous la loi (l'Ancien Testament),
Ceux qui commettaient l'adultère devraient être mis à mort : Lév.20 :10 ; Lév21 : 9 ; Deut.22 :22 ; Jn8 : 5
L'infidélité suspecte pouvait être prouvée par les eaux amères Nom.5 :11-31
L'adultère spirituel était retranché du peuple et rejeté pour toujours par Dieu : 1Chroniques28 : 9 ; 2Chroniques15 : 2
Sous la grâce ou Nouveau Testament :
Le jugement : Héb.13 :4 ;
La mort spirituelle ou mort éternelle ou seconde mort : Apo.21 :8 ;
Le divorce facultatif (Matt.19 :1-9)

NB : s'ils se séparent, ils resteront sans se remarier.

6. Les adultères de la Bible :

Les Sodomites: Gen19:6-8
Lot: Gen19:31-38;
Sichem: Gen34:2;
Ruben: Gen.35:22;
La femme de Putiphar : Gen.39 :7-12 ;
Samson : Juges16 :1 ;
Les fils d'Elie le sacrificateur : 1 Samuel 2 :22 ;
Le Roi David commis l'adultère avec la femme d'Urie : 2Sa12 : 9-11 ;
Le Roi Salomon : 1Rois11 :1
Les Israélites : Jér.5 :7-9 ;
La Samaritaine : Jn.4 :18 ;
Les gentils : Eph.4 : 17-19 ;
Les Corinthiens : 1Cor.5 :1 etc…

7. L'impudicité est strictement interdite

Ne savez-vous pas que celui qui s'attache à la prostituée est un seul corps avec elle ? Car, est-il dit, les deux deviendront une seule chair. Mais celui qui s'attache au Seigneur est avec lui un seul esprit. Fuyez l'impudicité. Quelque autre péché qu'un homme commette, ce péché est hors du corps ; mais celui qui se livre à l'impudicité pèche contre son propre corps. Ne savez-vous pas que votre corps est le temple du Saint-Esprit qui est en vous, que vous avez reçu de Dieu, et que vous ne vous appartenez point à vous-mêmes ? Car vous avez été rachetés à un grand prix. Glorifiez donc Dieu dans votre corps et dans votre esprit, qui appartiennent à Dieu.

Que l'impudicité, qu'aucune espèce d'impureté, et que la cupidité, ne soient pas même nommées parmi vous, ainsi qu'il convient à des saints.

Car, sachez-le bien, aucun impudique, ou impur, ou cupide, c'est-à-dire, idolâtre, n'a d'héritage dans le royaume de Christ et de Dieu. Que personne ne vous séduise par de vains discours ; car c'est à cause de ces choses que la colère de Dieu vient sur les fils de la rébellion. N'ayez donc aucune part avec eux. 1Cor.3 : 16-17 ; 1Cor.6 : 16-20 ; Eph.5 : 3, 5-7; Apo2 : 20-23

8. Les Conséquences de la débauche/ impudicité :

Elles sont nombreuses :
Ez.16 : 39-41 ;
L'abandon du Seigneur par le débauché ;
Rejet du débauché par Dieu : 1 Chr28 : 9 ;
2Chroniques15 :2
La colère Dieu : Rom.1 : 18, 24 ; Col. 3 :
5-8 ; Héb10 : 25-26

Malédiction contre soi-même : 1Cor.6 :
18 ;
Les maladies : Apo.2 :20-23 ;
Le jugement : Héb.13 : 4
La mort : Rom.6 : 23 ; Jude7 ;
Visa de l'enfer : Apo.21 : 8 ; Apo22 :15 ;
Le ciel est fermé pour les impudiques :
Eph.5 :5 ; Gal.5 :19-21

9. Conclusion :

Au regard de ce qui précède, nous pouvons conclure que la
débauche / l'impudicité est un comportement qui expose les
acteurs à des graves sanctions (la mort), elle doit être
évitée : Jn.8 :11 ; Act.17 : 30 ; 1Cor.7 : 8-9 ; Gal.5 :24 ; Héb.13 :
4 ;

COMPORTEMENT N°3

NE TENTONS POINT LE SEIGNEUR
Nom.21 :4-5 ; Ps.106 :12-13

Ils partirent de la montagne de Hor par le chemin de la mer Rouge, pour contourner le pays d'Édom. Le peuple s'impatienta en route, et parla contre Dieu et contre Moïse : Pourquoi vous nous avez fait monter hors d'Égypte, pour que nous mourions dans le désert ? Car il n'y a point de pain, et il n'y a point d'eau, et notre âme est dégoûtée de cette misérable nourriture. Alors l'Éternel envoya contre le peuple des serpents brûlants ; ils mordirent le peuple, et il mourut beaucoup de gens en Israël.

1. Définitions :
    Tenter = Chercher à faire réussir ;
    = Mettre à l'essai ;
    =Exciter le désir
    Tenter vient du mot tentation qui veut dire, être attiré vers une chose défendue : Matt.6 :13 ; Marc 14 :38
    La notion Biblique de tentation n'est pas premièrement celle de séduction, mais de la mise à l'épreuve. Job1 :12
    La tentation peut avoir un rôle positif, celui de démontrer ou améliorer les qualités de quelqu'un, ou un rôle négatif, celui d'en montrer les faiblesses ou d'essayer de lui faire commettre une mauvaise action.
    Ainsi, les pharisiens ont mis Jésus à l'épreuve ou tenté, pour voir s'il démontrerait qu'il était le Messie selon leur conception. Marc8 :11.
    Satan à lui aussi avait tenté le Seigneur Matt.4 :4-7

Les chrétiens doivent s'éprouver « s'examiner » eux-mêmes régulièrement pour s'assurer que leur foi est vraiment réelle : 2Cor.13 :5

Les hommes peuvent tenter Dieu en le mettant au défi, pour qu'il démontre la véracité de sa parole et la justice de ses voies ; disant que tout leur est permis parce qu'ils se réclament de Dieu qui défendra leur cause : Ps.78 :18-19 ; Mal3 : 10 ; Matt.6 :32

Dieu éprouve son peuple en le mettant dans une situation qui révèle la qualité de sa foi et sa piété : Gen.22 :1-2 ; Juge2 :22

Il le purifie aussi comme un métal que l'on affine : Ps 66 :14, le conduisant ainsi à une plus grande expérience de son amour pour lui : Rom5 :3-4

Satan éprouve le peuple de Dieu en manipulant les circonstances dans les limites permises par Dieu pour essayer de le détourner de la volonté de Dieu : Job 1 :12 ; 1Cor.10 :13 ;

Il est appelé le tentateur qui essaie toujours de faire tomber les chrétiens : Matthieu .4 : 3 ; 1Pi5 :9

Dieu permet que nous soyons tentés, mais n'incite personne à faire le mal : Job1 :12 ; Matt.4 :1 ; Jac.1 :12

Les chrétiens doivent veiller et prier pour ne pas être exposés à la tentation et d'en succomber, car Dieu ne permet pas que nous soyons tentés au-delà de ses limites ou nos forces. Matt.6 :13 ; Matt.26 :41 ; 1Cor.10 :13

Exemple :

Les hommes tentent souvent Dieu en s'exposant au mal, se disant être enfants de Dieu, ayant une mauvaise compréhension, que Dieu les protégerait sûrement de leurs bêtises en s'appuyant sur des versets mal compris ; tels que (car il ordonnera à ses anges à ton sujet ; et ils te porteront sur les mains de peur que ton pied ne heurte contre une pierre : le malheur atteint souvent le juste, Mais l'Eternel l'en délivre toujours). Math4 :6 ; Ps34 : 20 ; Ex23 : 20.

Interdiction formelle de tenter Dieu :

Selon ce qui précède, les écritures nous démontrent qu'il est strictement interdit de tenter Dieu. Car ceux qui l'ont fait, ont été punis sévèrement de mort. Nom. 21 :6 ; Exo. 17 :2 ; Ps.106 : 14-15 ; Matt.4 :7 ; Luc 4 :12 ; Act5 :4-5,9 ; Héb.3 :7-11.

Conclusion :

« Aucune tentation ne vous est survenue qui n'ait été humaine, et Dieu, qui est fidèle, ne permettra pas que vous soyez tentés au-delà de vos forces ; mais avec la tentation il préparera aussi un moyen d'en sortir, afin que vous puissiez la supporter ». A cet effet, soyez fermes et inébranlables dans votre foi, afin de résister au tentateur, il fuira loin de vous ; car votre fiancé étant jaloux de vous, présentez-vous devant lui comme des vierges pures.

Deut.6 : 13-16 ; 1Cor10 : 13 ; 2Cor.11 1-3 ; Jac1 :12 ; 1Pi5 :9 ;

Définitions :

Tenter = Chercher à faire réussir ;

= Mettre à l'essai ;

=Exciter

Tenter vient du mot tentation qui veut dire, être attiré vers une chose défendue : Matt.6 :13 ; Marc 14 :38

La notion Biblique de tentation n'est pas premièrement celle de séduction, mais celle de mise à l'épreuve. Job1 :12

La tentation peut avoir un rôle positif, celui de démontrer ou améliorer les qualités de quelqu'un, ou un rôle négatif, celui d'en montrer les faiblesses ou d'essayer de lui faire commettre une mauvaise action.

Ainsi, les pharisiens ont mis Jésus à l'épreuve ou tenté, pour voir s'il démontrerait qu'il était le Messie selon leur conception. Marc8 :11.

Satan à lui aussi avait tenté le Seigneur Matt.4 :4-7

Les chrétiens doivent s'éprouver « s'examiner » eux-mêmes régulièrement pour s'assurer que leur foi est vraiment réelle : 2Cor.13 :5

Les hommes peuvent tenter Dieu en le mettant au défi, pour qu'il démontre la véracité de sa parole et la justice de ses voies ; disant que tout leur est permis parce qu'ils se réclament de Dieu qui défendra leur cause : Ps.78 :18-19 ; Mal3 : 10 ; Matt.6 :32

Dieu éprouve son peuple en le mettant dans une situation qui révèle la qualité de sa foi et sa piété : Gen.22 :1-2 ; Juge2 :22

Il le purifie aussi comme un métal que l'on affine : Ps 66 :14, le conduisant ainsi à une plus grande expérience de son amour pour lui : Rom5 :3-4

Satan éprouve le peuple de Dieu en manipulant les circonstances dans les limites permises par Dieu pour essayer de le détourner de la volonté de Dieu : Job 1 :12 ; 1Cor.10 :13 ;

Il est appelé le tentateur qui essaie toujours de faire tomber les chrétiens : Matthieu .4 : 3 ; 1Pi5 :9

Dieu permet que nous soyons tentés, mais n'incite personne à faire le mal : Job1 :12 ; Matt.4 :1 ; Jac.1 :12

Les chrétiens doivent veiller et prier pour ne pas être exposés à la tentation et d'en succomber, car Dieu ne permet pas que nous soyons tentés au-delà de ses limites ou nos forces. Matt.6 :13 ; Matt.26 :41 ; 1Cor.10 :13

Exemple :

Les hommes tentent souvent Dieu en s'exposant au mal, se disant être enfants de Dieu, ayant une mauvaise compréhension, que Dieu les protégerait sûrement de leurs bêtises en s'appuyant sur des versets mal compris tels que (car il ordonnera à ses anges à ton sujet ; et ils te porteront sur les mains de peur que ton pied ne heurte contre une pierre : le malheur atteint souvent le juste, Mais l'Eternel l'en délivre toujours). Math4 :6 ; Ps34 : 20 ; Ex23 : 20.

Interdiction formelle de tenter Dieu :

Selon ce qui précède, les écritures nous démontrent qu'il est strictement interdit de tenter Dieu. Car ceux qui l'ont fait, ont été punis sévèrement de mort. Nom. 21 :6 ; Exo. 17 :2 ; Ps.106 : 14-15 ; Matt.4 :7 ; Luc 4 :12 ; Act5 :4-5,9 ; Héb.3 :7-11.

Conclusion :

« Aucune tentation ne vous est survenue qui n'ait été humaine, et Dieu, qui est fidèle, ne permettra pas que vous soyez tentés au-delà de vos forces ; mais avec la tentation il préparera aussi un moyen d'en sortir, afin que vous puissiez la supporter ». A cet effet, soyez fermes et inébranlables dans votre foi, afin de résister au tentateur, il fuira loin de vous ; car votre fiancé étant jaloux de vous, présentez-vous devant lui comme des vierges pures.

Deut.6 : 13-16 ; 1Cor10 : 13 ; 2Cor.11 1-3 ; Jac1 :12 ; 1Pi5 :9 ;

COMPORTEMENT N°4

NE MURMUREZ POINT

PHILIPPIENS2 : 14-15

« Faites toutes choses sans murmures ni hésitations, afin que
vous soyez irréprochables et pures, des enfants de Dieu
irrépréhensibles au milieu d'une génération perverse et
corrompue, parmi laquelle vous brillez comme des flambeaux
dans le monde » !

Définitions :

Murmurer= faire entendre une plainte sourde. Exo15 :24 ; 16 :2,7

Murmurer vient du mot murmures qui sont **:**

- Des paroles
- Des plaintes sourdes marquantes le mécontentement.
- « Des boudâtes »

Les murmures sont un signe d'impolitesse ; de manque de respect ; manque de considération et d'immaturité spirituelle.

Ils sont souvent dirigés contre :

- ✓ Dieu : Exo. 16 :7 **;**
- ✓ Aux conducteurs spirituels : Exo.16 :2 ; Josué9 :18 ; Matt.20 :11 ; Héb.13 : 7, 17 ; 1Pi 2 :18 ; Ph2 :12-13 ;
- ✓ Aux autorités Politico-Administratifs « élevées en dignité : telles les Rois, les Présidents ; les Sénateurs ; les Députés ; les ministres ; et tous responsables à tous les niveaux ; etc.. » Rom13 : 1-2 ; 1Pi 2 :18 ; 1Tim.2 :1-2 ;
- ✓ Aux parents : Eph.6 :1-2 ; Ph.2 :14 ;
- ✓ Les uns contre les autres : Ps.106 : 24-25 ; 1Pi4 : 9 ; Jn6 : 43 ;

Formellement interdits :

Les murmures sont formellement interdits par Dieu : « Pourquoi l'homme vivant se plaindrait-il ? Que chacun se plaigne de ses propres péchés. » Lam.3 :39 ; « Jésus leur répondit : Ne murmurez pas entre vous » Jn.6 :43 ; « Faites toutes choses sans murmures ni hésitations, afin que vous soyez irréprochables et purs, des enfants de Dieu irrépréhensibles au milieu d'une génération perverse et corrompue, parmi laquelle vous brillez comme des flambeaux dans le monde » Ph2 :14-15 ; « Ce sont des gens qui murmurent, qui se plaignent de leur sort, qui marchent selon leurs convoitises, qui ont à la bouche des paroles hautaines, qui admirent les personnes par motif d'intérêt : Jude16 ;

1. Les murmureurs de la Bible :

Ils sont nombreux ceux qui ont murmuré :

Caïn : Gen.4 :13-14 ;

Rachel : Gen.30 :1 ;

Moïse : Exo.5 :22-23 ; Nom.11 : 11-15 ; Nom.26 : 10

Les Israélites : Exo.5 :21 ; Exo. 14 : 11-15 ;

David : 2Sa.6 : 8 ;

Elie : 1 Rois 19 : 4,10 ;

Salomon : Ecc.2 : 17-18 ;

Jérémie Jér.20 : 14-18 ;

Jonas : Jonas 4 : 1-3 ;

Les conséquences des murmures :

Les murmureurs sont exposés à plusieurs sanctions, notamment :

Le jugement : Jac5 :9 ; Jude14-16 ;

La mort : Nom. 14 :26-29,36-37 ; Nom.21 : 5-6 ; Ps.106 :23 ,25-27 ;

La Perte du salut ou la condamnation : Nom.14 :30 ; Nom.20 :12 ; Deut32 : 50-52 ;

Conclusion :

Les murmures sont interdits pour tous les hommes en général et en particulier pour tout enfant de Dieu. Dès à présent nous devons nous séparer de murmures et notre réponse serait désormais « **Oui et Amen** ». Comme un soldat subalterne qui reçoit des ordres de son chef hiérarchique répond à vos ordres, ainsi serait notre agissement « **OUI à vos ordres** »,

Ph2 :14-15 ; 1Pi 4 :7-9 ; Jac5 :11-12 ».

CONCLUSION GENERALE

C'est ici une interpellation du Seigneur à tous ceux qui attendent son retour et qui veulent prendre part à l'enlèvement pour le royaume des cieux. C'est pourquoi, que celui qui a des oreilles pour entendre, entende, que celui qui veut continuer à se souiller, se souille davantage ; Matt.11 :15 ; Apo.21 :27 ; Apo 22 :11,12 ,14.

NB. Toute désobéissance à la voix de Dieu est une porte ouverte qui attire des malédictions sur soi-même ; sur ses descendants/famille, sur son Assemblée/Eglise ; son peuple et sur sa nation : Exemples « Exo20 :5 » ; Jos7 : 1-25 ; « Acan » ; Saül : « 2Sa21 :1 » David : « 2Sa24-1-25 » ; Jonas : « Jonas1 :1-16 » ; Etc…

VI LES BENEDICTIONS ET LES MALEDICTIONS RELATIVES A L'OBEISSANCE ET A LA DESOBEISSANCE AUX COMMANDEMENTS DE DIEU

Deutéronome28 : 2-14 ; 15-68

A :   Les bénédictions relatives à l'obéissance à la voix de Dieu :

Deutéronome28 : 1-14

« Si tu obéis à la voix de l'Eternel ton Dieu, en observant et en mettant en pratique tous ses commandements que je te prescris aujourd'hui, l'Eternel ton Dieu te donnera la supériorité sur toutes les nations de la terre.

Voici toutes les bénédictions qui se répandront sur toi et qui seront ton partage, lorsque tu obéiras à la voix de l'Eternel ton Dieu :

Tu seras béni dans la ville et tu seras béni dans les champs ;

Le fruit de tes entrailles, le fruit de ton sol, le fruit de tes troupeaux, les portées de ton gros et de ton menu bétail, toutes ces choses seront bénies ;

Ta corbeille et ta huche seront bénies

Tu seras béni à ton arrivée et tu seras béni à ton départ.

L'Eternel ton Dieu te donnera la victoire sur tes ennemis qui s'élèveront contre toi par un seul chemin, et ils s'enfuiront devant toi par sept chemins ;

L'Eternel ordonnera à la bénédiction d'être avec toi dans tes greniers et dans toutes tes entreprises. Il te bénira dans le pays que l'Eternel, ton Dieu, te donne ;

Tu seras pour l'Eternel un peuple saint comme il te l'a juré, lorsque tu observeras les commandements de l'Eternel ton Dieu, et que tu marcheras dans ses voies.

Tous les peuples te verront que tu es appelé du nom de l'Eternel, et ils te craindront ;

L'Eternel te comblera des biens, en multipliant le fruit de tes entrailles, le fruit de tes troupeaux et le fruit de ton sol, dans le pays que l'Eternel ton Dieu a juré à tes pères de te donner ;

L'Eternel t'ouvrira son bon trésor, le ciel, pour t'envoyer à ton pays la pluie en son temps et pour tout le travail de tes mains ; tu prêteras à beaucoup des nations, tu n'emprunteras point ;

L'Eternel fera de toi la tête et non la queue, tu seras en haut et tu ne seras jamais en bas, lorsque tu obéiras aux commandements de l'Eternel, ton Dieu, que je te prescris aujourd'hui, lorsque tu les observeras et les mettras en pratique ;

Et que tu ne détourneras ni à droite ni à gauche de tous les commandements que je te donne aujourd'hui, pour aller après d'autres dieux et pour les servir. »

B : Les malédictions relatives à la désobéissance à la voix de Dieu :

Deuterronome28 : 15-68

« Mais si tu n'obéis point à la voix de l'Eternel, ton Dieu, si tu n'observes pas et ne mets pas tous ses commandements et toutes ses lois que je te prescris aujourd'hui, voici toutes les malédictions qui viendront sur toi et qui seront ton partage :

- ✓ Tu seras maudits dans la ville, et tu seras maudits dans les champs ;
- ✓ Ta corbeille et ta huche seront maudites ;
- ✓ Le fruit de tes entrailles, le fruit de ton sol, les portées de ton gros et de ton menu bétail toutes ces choses seront maudites ;
- ✓ Tu seras maudit à ton arrivée et tu seras maudit à ton départ.

✓ L'Eternel enverra contre toi la malédiction, le trouble et la menace, au milieu de toutes tes entreprises que tu feras jusqu'à ce que tu sois détruit, jusqu'à ce que tu périsses promptement, à cause de la méchanceté de tes actions qui t'aura porté à m'abandonner.

✓ L'Eternel attachera à toi la peste jusqu'à ce qu'elle te consume dans le pays dont tu vas entrer en possession.

✓ L'Eternel te frappera de langueur, de fièvre, d'inflammation, de chaleur brûlante, de dessèchement, de jaunisse et de gangrène, qui te poursuivront jusqu'à ce tu périsses.

✓ Le ciel sur ta tête sera d'airain, et la terre sous tes pieds sera de fer.

✓ L'Eternel enverra pour pluie à ton pays de la poussière et de la poudre ; il en descendra du ciel sur toi jusqu'à ce que tu sois détruit.

✓ L'Eternel te fera battre par tes ennemis ; tu sortiras devant eux par un seul chemin, et tu t'enfuiras devant eux par sept chemins ; et tu seras un sujet d'effroi pour tous les royaumes de la terre.

✓ Ton cadavre sera la pâture de tous les oiseaux du ciel et des bêtes de la terre ; il n'aura personne pour les troubler.

✓ L'Eternel te frappera de l'ulcère D'Egypte, d'hémorroïdes, de gale et de teigne, dont tu ne pourras guérir.

✓ L'Eternel te frappera de délire, d'aveuglement, d'égarement d'esprit, et tu tâtonneras en plein midi comme l'aveugle dans l'obscurité, tu n'auras point de succès dans tes entreprises et tu seras tous les jours opprimé, dépouillé, et il n'y aura personne pour venir à ton secours.

✓ Tu auras une fiancée, et un autre homme couchera avec elle ; tu bâtiras une maison, et tu ne l'habiteras pas ; tu planteras une vigne, et tu n'en mangeras pas ;

✓ Ton bœuf sera égorgé sous tes yeux, et tu n'en mangeras pas ; ton âne sera enlevé devant toi, et on ne te le rendra pas ; tes brebis seront données à tes ennemis, et il n'y aura personne pour venir à ton secours.

✓ Tes fils et tes filles seront livrés à un autre peuple, tes yeux le verront et languiront tout le jour après eux, et ta main sera sans force.

✓ Un peuple que tu n'auras point connu mangera le fruit de ton sol et tout le produit de ton travail, et tu seras opprimés et écrasés.

✓ Le spectacle que tu auras sous tes yeux te jettera dans le délire.

✓ L'Eternel te frappera aux genoux et aux cuisses d'un ulcère malin dont tu ne pourras pas guérir, il te frappera depuis la plante du pied jusqu'au sommet de ta tête.

✓ L'Eternel te fera marcher, toi et ton roi que tu auras établi sur toi, vers une nation que tu n'auras point connue, ni toi ni tes pères. Et là, tu serviras d'autres dieux, du bois et de la pierre. Et tu seras un sujet d'étonnement, de sarcasme et de raillerie, parmi tous les peuples chez qui l'Eternel te mènera.

✓ Tu transporteras sur ton champ beaucoup de semence ; et tu feras une faible récolte, car les sauterelles la dévoreront.

✓ Tu planteras les vignes et tu les cultiveras ; et tu ne boiras pas de vin et tu ne feras pas de récolte, car les vers la mangeront.

✓ Tu auras des oliviers dans toute l'étendue de ton pays ; et tu ne t'oindras pas d'huile, car les olives tomberont.

- ✓ Tu engendreras des fils et des filles ; et qui ne seront pas à toi, car ils iront en captivité.

- ✓ Les insectes prendront possession de tous tes arbres et du fruit de ton sol.

- ✓ L'étranger qui sera au milieu de toi s'élèvera toujours au-dessus de toi, et toi tu descendras toujours plus bas ; il te prêtera et tu ne lui prêteras pas ; il sera la tête, et toi tu seras la queue.

- ✓ Toutes ces malédictions viendront sur toi, elles te poursuivront, et seront ton partage jusqu'à ce que tu sois détruit, parce que tu n'auras pas obéi à la voix de l'Eternel ton Dieu, parce que tu n'auras pas observé ses commandements, et ses lois qu'il te prescrit. Elles seront à jamais pour toi et pour tes descendants comme des signes et des prodiges.

- ✓ Pour n'avoir pas, au milieu de l'abondance de toutes choses, servi l'Eternel, ton Dieu, avec joie et bon cœur, tu serviras au milieu de la faim, de la soif, de la nudité et disette toutes choses, tes ennemis que l'Eternel enverra contre toi. Il mettra un joug de fer sur ton cou jusqu'à ce qu'il t'ait détruit.

- ✓ L'Eternel fera partir de loin des extrémités de la terre, une nation qui fondra sur toi d'un vol d'un vol d'aigle, une nation que tu ne comprendras pas la langue, une nation au visage farouche, et qui aura ni respect pour le vieillard, ni pitié de l'enfant.

- ✓ Elle mangera le fruit de tes troupeaux et le fruit de ton sol, jusqu'à ce que tu sois détruit ; elle ne te laissera ni blé, ni moût, ni huile, ni portée de ton gros et ton menu bétail, jusqu'à ce qu'elle t'ait fait périr.

- ✓ Elle t'assiègera dans toutes tes portes, jusqu'à ce que tes murailles tombent, ces hautes murailles sur lesquelles tu auras placé ta confiance dans toute l'étendue de ton pays que l'Eternel, ton Dieu, te donne.

- ✓ Au milieu de l'angoisse et de la détresse où tu réduiras ton ennemi, tu mangeras le fruit de tes entrailles, la chair de tes fils et de tes filles, que l'Eternel ton Dieu t'aura donné.

- ✓ L'homme d'entre vous le plus délicat et le plus habitué à la mollesse aura un œil sans pitié son frère, pour la femme qui repose sur son sein, pour ceux de ses enfants qu'il a épargnés. Il ne donnera à aucun d'eux de la chair de ses dont il a fait sa nourriture, parce qu'il ne lui reste rien au milieu de l'angoisse et de la détresse où te réduira ton ennemi dans toutes tes portes.

- ✓ La femme d'entre vous la plus délicate et la plus habituée à la mollesse, par qui mollesse et par délicatesse n'asseyait pas de poser à terre la plante de son pied, aura un œil sans pitié pour le mari qui repose sur son sein, pour son fils et sa fille ; elle ne leur donnera rien de l'arrière-faix sorti d'entre ses pieds et des enfants qu'elle mettra au monde, car, manquant de tout, elle en fera secrètement sa nourriture au milieu de l'angoisse et de la détresse où te réduira ton ennemi dans tes portes.

- ✓ Si tu n'observes pas et ne mets pas en pratique toutes les paroles de cette loi, écrites dans ce livre, si tu ne crains pas ce nom glorieux et redoutable de l'Eternel, ton Dieu, l'Eternel te frappera miraculeusement, toi et ta postérité, par des grandes plaies et de longue durée, par des maladies graves et opiniâtres, il amènera sur toi, toutes les maladies d'Egypte devant lesquelles tu tremblais et elles s'attacheront sur toi. Et même, l'Eternel fera venir sur toi jusqu'à ce que tu sois détruit, toutes sortes de maladies et de plaies qui ne sont point mentionnées dans ce livre de cette loi. Après avoir été nombreux que les étoiles du ciel, vous ne resterez qu'un petit nombre, parce que tu n'auras pas obéi à la voix de l'Eternel, ton Dieu ;

✓ De même que l'Eternel prenait plaisir de vous faire du bien et à vous multiplier, de même l'Eternel prendra le plaisir de vous faire périr et de vous détruire ; et vous serez arrachés du pays dont tu vas rentrer en possession.

✓ L'Eternel te dispersera parmi tous les peuples, d'une extrémité de la terre à l'autre ; et là tu serviras d'autres dieux que n'ont connu ni toi, ni tes pères, du bois et de la pierre. Parmi ces nations, tu ne seras pas tranquille, et tu n'auras pas un lieu de repos pour la plante de tes pieds. L'Eternel rendra ton cœur agité, tes yeux languissants, ton âme souffrante.

✓ Ta vie sera comme en suspens devant toi, tu trembleras la nuit et le jour, tu douteras de ton existence.

✓ Dans l'effroi qui remplira ton cœur, en présence de ce tes yeux verront, tu diras le matin puisse le soir être là ! Tu diras le soir ; puisse le matin être là !

✓ Et l'Eternel te ramènera par des navires en Egypte, et tu feras ce chemin dont je t'avais dit, tu ne reverras plus là, vous vous offrirez en vente à vos ennemis, comme esclaves et comme servantes ; et il n'y aura personne pour vous accueillir. »

LE GRAND AMOUR ET LES BONTES DE L'ETERNEL :

A : Le grand Amour de Dieu pour l'homme

a. Dieu est amour : 1Jean4 : 8

Le Seigneur Jésus-Christ déclare :

« Béni soit Dieu, le Père de notre Seigneur Jésus-Christ, qui nous a bénis de toutes sortes de bénédictions spirituelles dans les lieux célestes en Christ !» Ephésiens1 :3

« Le Voleur ne vient que pour dérober, égorger et détruire ; moi, je suis venu afin que les brebis aient la vie, et qu'elles soient dans l'abondance ». Jean10 :10

« Car Dieu a tant aimé le monde, qu'il a donné son fils unique afin que quiconque croit en lui ne périsse point, mais qu'il ait la vie éternelle ». Jean3 :16

« Je suis vivant ! dit le Seigneur, l'Eternel, ce que je désire, ce n'est pas que le méchant meure, c'est que qu'il change sa conduite et qu'il vive ». Ezéchiel33 :11 ; « Revenez, revenez de votre mauvaise voie, et pourquoi mourriez-vous, maison d'Israël. Revenez à moi et Je reviendrai à vous » : Malachie3 : 7.

« Car je suis l'Éternel, ton Dieu, Le Saint d'Israël, ton sauveur ; Je donne l'Égypte pour ta rançon, L'Éthiopie et Saba à ta place. Parce que tu as du prix à mes yeux, Parce que tu es honoré et que je t'aime, Je donne des hommes à ta place, Et des peuples pour ta vie. Ne crains rien, car je suis avec toi » Esaïe43 : 3-5 ;

« Toi, que j'ai pris aux extrémités de la terre, Et que j'ai appelé d'une contrée lointaine, A qui j'ai dit : Tu es mon serviteur, Je te choisis, et ne te rejette point ! Ne crains rien, car je suis avec toi; Ne promène pas des regards inquiets, car je suis ton Dieu; Je te fortifie, je viens à ton secours, Je te soutiens de ma droite triomphante. Voici, ils seront confondus, ils seront couverts de honte.

Tous ceux qui sont irrités contre toi; Ils seront réduits à rien, ils périront, Ceux qui disputent contre toi. Tu les chercheras, et ne les trouveras plus, Ceux qui te suscitaient querelle;

Ils seront réduits à rien, réduits au néant, Ceux qui te faisaient la guerre. Car je suis l'Éternel, ton Dieu, Qui fortifie ta droite, Qui te dis : Ne crains rien, »

Esaïe 41 : 9-13

« C'est moi, moi qui efface tes transgressions pour l'amour de moi. Et je ne me souviendrai plus de tes péchés. Réveille ma mémoire, plaidons ensemble. Parle toi-même, pour te justifier. » Esaïe43 : 25-26

« Je suis le bon berger. Le bon berger donne sa vie pour ses brebis » Jean10 : 11

« Nous avons connu l'amour, en ce qu'il a donné sa vie pour nous ; nous aussi, nous devons donner notre vie pour les frères »1Jean3 : 16

« Dieu, sans tenir compte des temps d'ignorance, annonce maintenant à tous les hommes, en tous lieux, qu'ils aient à se repentir » Actes17 : 30

« Comme le Père m'a aimé, je vous ai aussi aimés. Demeurez dans mon amour. Si vous gardez mes commandements, vous demeurerez dans mon amour, de même que j'ai gardé les commandements de mon Père, et que je demeure dans son amour » Jean15 : 9-10

« Affectionnez-vous aux choses d'en haut, et non à celles qui sont sur la terre. Car vous êtes morts, et votre vie est cachée avec Christ en Dieu. Quand Christ, votre vie, paraîtra, alors vous paraîtrez aussi avec lui dans la gloire. Faites donc mourir les membres qui sont sur la terre, l'impudicité, l'impureté, les passions, les mauvais désirs, et la cupidité, qui est une idolâtrie » Col3 : 2-5

« Car nous n'avons rien apporté dans le monde, et il est évident que nous n'en pouvons rien emporter ; si donc nous avons la nourriture et le vêtement, cela nous suffira. Mais ceux qui veulent s'enrichir tombent dans la tentation, dans le piège, et dans beaucoup de désirs insensés et pernicieux qui plongent les hommes dans la ruine et la perdition. Car l'amour de l'argent est une racine de tous les maux ; et quelques-uns, en étant possédés, se sont égarés loin de la foi, et se sont jetés eux-mêmes dans bien des tourments. » 1Timothée6 : 7-10

Ces quelques passages bibliques sélectionnés parmi tant d'autres, prouvent à suffisance que Dieu aime tout homme créé à son image et à sa ressemblance, ne fait exception de personne, ne tenant compte : ni du rang social, ni de sexe, ni d'ethnie, de race et de religion.

B : LES BONTES DE L'ETERNEL ENVERS L'HOMMES
b. L'Eternel est bon : Ps25 : 8

« Les bontés de l'Éternel ne sont pas épuisées, Ses compassions ne sont pas à leur terme ; Elles se renouvellent chaque matin. Oh ! Que ta fidélité est grande ! » Lamentations3 :22-23

Le Seigneur Dieu ne voulant qu'aucune brebis ne périsse. « Il ne tarde pas dans l'accomplissement de la promesse, comme quelques un le croient, mais il use de patience envers vous, voulant que tous arrivent à la repentance » : 2Pierre 3 : 9. Aussi, pour atteindre son but, il déclare ce qui suit :

« Ce commandement que je te prescris aujourd'hui n'est certainement point au-dessus de tes forces et hors de ta portée.

Il n'est pas dans le ciel, pour que tu dises : qui montera pour nous au ciel et nous l'ira chercher, qui nous le fera entendre, afin que nous le mettions en pratique ?

Il n'est pas de l'autre côté de la mer, pour que tu dises : Qui passera pour nous de l'autre côté de la mer, et nous l'ira chercher, qui nous le fera entendre, afin que nous le mettions en pratique ?

C'est une chose, au contraire, qui est tout près de toi, afin que tu la mettes en pratique.

Vois, je mets aujourd'hui devant toi la vie et le bien, la mort et le mal.

Car je te prescris aujourd'hui d'aimer l'Eternel, ton Dieu, de marcher dans ses voies, et d'observer ses commandements, ses lois et ses ordonnances, afin que tu vives et tu multiplies, et que l'Eternel, ton Dieu te bénisse dans le pays dont tu vas entrer en possession.

Mais si ton cœur se détourne, si tu n'obéis point, et si tu te laisses entrainer à te prosterner devant d'autres dieux et à les servir,

Je vous déclare aujourd'hui que vous périrez, que vous ne prolongerez point vos jours dans le pays dont vous allez entrer en possession, après avoir passé le Jourdain.

J'en prends aujourd'hui à témoin contre vous le ciel et la terre :

J'ai mis devant toi la vie et la mort, la bénédiction et la malédiction.

Choisis la vie, afin que tu vives, toi et ta postérité.

Pour aimer l'Eternel, ton Dieu, pour obéir à sa voix, et pour t'attacher à lui : car de cela dépendent la vie et la prolongation de tes jours, et c'est ainsi que tu pourras demeurer dans le pays que l'Eternel a juré de donner à tes pères, Abraham, Isaac et Jacob ». Deut30 :19-20

« Écoutez-moi, L'Éternel est avec vous quand vous êtes avec lui ; si vous le cherchez, vous le trouverez ; mais si vous l'abandonnez, il vous abandonnera » : 2Chroniques15 : 2

« Car je connais les projets que j'ai formés sur vous, dit l'Éternel, projets de paix et non de malheur, afin de vous donner un avenir et de l'espérance. Vous m'invoquerez, et vous partirez ; vous me prierez, et je vous exaucerai. Vous me chercherez, et vous me trouverez, si vous me cherchez de tout votre cœur. Je me laisserai trouver par vous » : Jérémie29 :11-14

« Que votre cœur ne se trouble point. Croyez en Dieu, et croyez en moi. Il y a plusieurs demeures dans la maison de mon Père. Si cela n'était pas, je vous l'aurais dit. Je vais vous préparer une place. Et, lorsque je m'en serai allé, et que je vous aurai préparé une place, je reviendrai, et je vous prendrai avec moi, afin que là où je suis vous y soyez aussi » Jean14 : 1-3

« Ce n'est pas vous qui m'avez choisi ; mais moi, je vous ai choisis, et je vous ai établis, afin que vous alliez, et que vous portiez du fruit, et que votre fruit demeure, afin que ce que vous demanderez au Père en mon nom, il vous le donne. »

Jean15 : 16

« Je ne vous laisserai pas orphelins, je viendrai à vous ». Jean14 : 18

« Et voici, je suis avec vous tous les jours, jusqu'à la fin du monde » Matthieu28 :20

C. QUELQUES CONSEILS SELECTIONNES POUR LES LECTEURS

CONSEIL N°1 : Hébreux3 : 7-8

« C'est pourquoi, selon ce dit le Saint-Esprit :

Aujourd'hui, si vous entendez sa voix,

N'endurcissez pas vos cœurs, comme lors de la révolte. Au jour de la tentation dans le désert ».

CONSEIL N°2 : Jacques1 : 22-25

« Mettez en pratique la parole, et ne vous bornez pas à l'écouter, en vous trompant vous-mêmes par de faux raisonnements. Car, si quelqu'un écoute la parole et ne la met pas en pratique, il est semblable à un homme qui regarde dans un miroir son visage naturel, et qui, après s'être regardé, s'en va, et oublie aussitôt quel il était. Mais celui qui aura plongé les regards dans la loi parfaite, la loi de la liberté, et qui aura persévéré, n'étant pas un auditeur oublieux, mais se mettant à l'œuvre, celui-là sera heureux dans son activité ».

CONSEIL N°3 : Galates6 : 7

« Ne vous y trompez pas : on ne se moque pas de Dieu. Ce qu'un homme aura semé, il le moissonnera aussi »

CONSEILN°4 : Galates5 : 16

« Je dis donc : Marchez selon l'Esprit, et vous n'accomplirez point les Œuvres de la chair »

CONSEIL N°5 : Hébreux 10 : 25

« N'abandonnons pas notre Assemblée, comme c'est la coutume quelques-uns ; mais exhortons-nous réciproquement, et cela d'autant plus que vous voyez s'approcher le jour. »

CONSEIL N°6 : Hébreux10 : 35-39

« N'abandonnez donc pas votre assurance, à laquelle est attachée une grande rémunération. Car vous avez besoin de persévérance, afin qu'après avoir accompli la volonté de Dieu, vous obteniez ce qui vous est promis. Encore un peu, un peu de temps : celui qui doit venir viendra, et il ne tardera pas. Et mon juste vivra par la foi ; mais, s'il se retire, mon âme ne prend pas plaisir en lui. Nous, nous ne sommes pas de ceux qui se retirent pour se perdre, mais de ceux qui ont la foi pour sauver leur âme. »

CONSEIL N° 7 :1Timotée1 : 18-20

« Le commandement que je t'adresse, Timothée, mon enfant, selon les prophéties faites précédemment à ton sujet, c'est que, d'après elles, tu combattes le bon combat, en gardant la foi et une bonne conscience. Cette conscience, quelques-uns l'ont perdue, et ils ont fait naufrage par rapport à la foi. De ce nombre sont Hyménée et Alexandre, que j'ai livrés à Satan, afin qu'ils apprennent à ne pas blasphémer »;

CONSEIL N°8:   Job7 : 1

« Le sort de l'homme sur la terre est celui d'un soldat, Et ses jours sont ceux d'un mercenaire »

CONSEIL N°9 Mattieu 6 : 24-34

« Nul ne peut servir deux maîtres. Car, ou il haïra l'un, et aimera l'autre ; ou il s'attachera à l'un, et méprisera l'autre. Vous ne pouvez servir Dieu et Mammon. C'est pourquoi je vous dis : Ne vous in-quiétez pas pour votre vie de ce que vous mangerez, ni pour votre corps, de quoi vous serez vêtus. La vie n'est-elle pas plus que la nourriture, et le corps plus que le vêtement ? Regardez les oiseaux du ciel : ils ne sèment ni ne moissonnent, et ils n'amassent rien dans des greniers ; et votre Père céleste les nourrit. Ne valez-vous pas beaucoup plus qu'eux ? Qui de vous, par ses inquiétudes, peut ajou-ter une coudée à la durée de sa vie ? Et pourquoi vous inquiéter au sujet du vêtement ? Considérez comment croissent les lis des champs : ils ne travaillent ni ne filent ; cependant je vous dis que Salomon même, dans toute sa gloire, n'a pas été vêtu comme l'un d'eux. Si Dieu revêt ainsi l'herbe des champs, qui existe aujourd'hui et qui demain sera jetée au Four, ne vous vêtira-t-il pas à plus forte raison, gens de peu de foi ? Ne vous inquiétez donc point, et ne dites pas : Que mangerons-nous ? Que boirons-nous ? De quoi se-rons-nous vêtus ? Car toutes ces choses, ce sont les païens qui les recherchent. Votre Père céleste sait que vous en avez besoin. Cher-chez premièrement le royaume et la justice de Dieu ; et toutes ces choses vous seront données par-dessus. Ne vous inquiétez donc pas du lendemain ; car le lendemain aura soin de lui-même. A chaque jour suffit sa peine ».

CONSEIL N°10: Galates5 : 1

« C'est pour la liberté que Christ nous a affranchis. Demeurez donc fermes, et ne vous laissez pas mettre de nouveau sous le joug de la servitude »

CONSEIL N°11 : Mattieu16 : 25-26

« Car celui qui voudra sauver sa vie la perdra, mais celui qui la perdra à cause de moi la trouvera. Et que servirait-il à un homme de gagner tout le monde, s'il perdait son âme ? Ou, que donnerait un homme en échange de son âme ? Car le Fils de l'homme doit venir dans la gloire de son Père, avec ses anges ; et alors il rendra à chacun selon ses œuvres. Je vous le dis en vérité, quelques-uns de ceux qui sont ici ne mourront point, qu'ils n'aient vu le Fils de l'homme venir dans son règne ».

CONSEIL N°12 : 1Jn2 : 15-17

« N'aimez point le monde, ni les choses qui sont dans le monde. Si quelqu'un aime le monde, l'amour du Père n'est point en lui ; car tout ce qui est dans le monde, la convoitise de la chair, la convoitise des yeux, et l'orgueil de la vie, ne vient point du Père, mais vient du monde. Et le monde passe, et sa convoitise aussi ; mais celui qui fait la volonté de Dieu demeure éternellement ».

CONSEIL N° 13: Colossiens3 : 1-8

« Si donc vous êtes ressuscités avec Christ, cherchez les choses d'en haut, où Christ est assis à la droite de Dieu. Affectionnez-vous aux choses d'en haut, et non à celles qui sont sur la terre. Car vous êtes morts, et votre vie est cachée avec Christ en Dieu. Quand Christ, votre vie, paraîtra, alors vous paraîtrez aussi avec lui dans la gloire. Faites donc mourir les membres qui sont sur la terre, l'impudicité, l'impureté, les passions, les mauvais désirs, et la cupidité, qui est une idolâtrie. C'est à cause de ces choses que la colère de Dieu vient sur les fils de la rébellion, parmi lesquels vous marchiez autrefois, lorsque vous viviez dans ces péchés. Mais maintenant, renoncez à toutes ces choses, à la colère, à l'animosité, à la méchanceté, à la calomnie, aux paroles déshonnêtes qui pourraient sortir de votre bouche ».

CONSEIL N°14 : Philippiens 4 : 5-8

« Réjouissez-vous toujours dans le Seigneur ; je le répète, réjouissez-vous. Que votre douceur soit connue de tous les hommes. Le Seigneur est proche. Ne vous inquiétez de rien ; mais en toute chose faites connaître vos besoins à Dieu par des prières et des supplications, avec des actions de grâces. Et la paix de Dieu, qui surpasse toute intelligence, gardera vos cœurs et vos pensées en Jésus-Christ. Au reste, frères, que tout ce qui est vrai, tout ce qui est honorable, tout ce qui est juste, tout ce qui est pur, tout ce qui est aimable, tout ce qui mérite l'approbation, ce qui est vertueux et digne de louange, soit l'objet de vos pensées ».

CONSEILN°15: Romains12 : 1-2

« Je vous exhorte donc, frères, par les compassions de Dieu, à offrir vos corps comme un sacrifice vivant, saint, agréable à Dieu, ce qui sera de votre part un culte raisonnable. Ne vous conformez pas au siècle présent, mais soyez transformés par le renouvellement de l'intelligence, afin que vous discerniez quelle est la volonté de Dieu, ce qui est bon, agréable et parfait ».

CONSEIL N°16 : Romains12 : 16-21

« Ayez les mêmes sentiments les uns envers les autres. N'aspirez pas à ce qui est élevé, mais laissez-vous attirer par ce qui est humble. Ne soyez point sages à vos propres yeux. Ne rendez à personne le mal pour le mal. Recherchez ce qui est bien devant tous les hommes. S'il est possible, autant que cela dépend de vous, soyez en paix avec tous les hommes. Ne Vous vengez point vous-mêmes, bien-aimés, mais laissez agir la colère ; car il est écrit : A moi la vengeance, à moi la rétribution, dit le Seigneur. Mais si ton ennemi a faim, donne-lui à manger ; s'il a soif, donne-lui à boire ; car en agissant ainsi, ce sont des charbons ardents que tu amasseras sur sa tête. Ne te laisse pas vaincre par le mal, mais surmonte le mal par le bien »

CONSEIL N17: Romains13 : 10-14

« L'amour ne fait point de mal au prochain : l'amour est donc l'accomplissement de la loi. Cela importe d'autant plus que vous savez en quel temps nous sommes : c'est l'heure de vous réveiller enfin du sommeil, car maintenant le salut est plus près de nous que lorsque nous avons cru. La nuit est avancée, le jour approche. Dépouillons-nous donc des œuvres des ténèbres, et revêtons les armes de la lumière. Marchons honnêtement, comme en plein jour, loin des excès et de l'ivrognerie, de la luxure et de l'impudicité, des querelles et des jalousies. Mais revêtez-vous du Seigneur Jésus-Christ, et n'ayez pas soin de la chair pour en satisfaire les convoitises ».

CONSEIL N18 : Actes4 : 12

« Il n'y a de salut en aucun autre ; car il n'y a sous le ciel aucun autre nom qui ait été donné parmi les hommes, par lequel nous devions être sauvés. »

CONSEIL N°19: Jean14 :1-4

« Que votre cœur ne se trouble point. Croyez en Dieu, et croyez-en-moi. Il y a plusieurs demeures dans la maison de mon Père. Si cela n'était pas, je vous l'aurais dit. Je vais vous préparer une place. Et, lorsque je m'en serai allé, et que je vous aurai préparé une place, je reviendrai, et je vous prendrai avec moi, afin que là où je suis vous y soyez aussi. Vous savez où je vais, et vous en savez le chemin. »

CONSEIL N° 20 : Jean14 : 6

« Jésus lui dit : Je suis le chemin, la vérité, et la vie. Nul ne vient au Père que par moi.»

CONSEIL N°21 : Col2 : 8 « Prenez garde que personne ne fasse de vous sa proie par la philosophie et par une vaine tromperie, s'appuyant sur la tradition des hommes, sur les rudiments du monde, et non sur Christ »

CONSEIL N°22 : Col 3 : 16-17

« Que la parole de Christ habite parmi vous abondamment ; instruisez-vous et exhortez-vous les uns les autres en toute sagesse, par des psaumes, par des hymnes, par des cantiques spirituels, chantant à Dieu dans vos cœurs sous l'inspiration de la grâce. Et quoi que vous fassiez, en parole ou en œuvre, faites tout au nom du Seigneur Jésus, en rendant par lui des actions de grâces à Dieu le Père.»

CONSEIL N°23 : 2Jean 8-11

« Prenez garde à vous-mêmes, afin que vous ne perdiez pas le fruit de votre travail, mais que vous receviez une pleine récompense. Quiconque va plus loin et ne demeure pas dans la doctrine de Christ n'a point Dieu ; celui qui demeure dans cette doctrine a le Père et le Fils. Si quelqu'un vient à vous et n'apporte pas cette doctrine, ne le recevez pas dans votre maison, et ne lui dites pas : Salut ! Car celui qui lui dit : Salut ! Participe à ses mauvaises œuvres »

CONSEIL N° 24 : Deuteronome18 : 9-14

« Lorsque tu seras entré dans le pays que l'Éternel, ton Dieu, te donne, tu n'apprendras point à imiter les abominations de ces nations-là. Qu'on ne trouve chez toi personne qui fasse passer son fils ou sa fille par le feu, personne qui exerce le métier de devin, d'astrologue, d'augure, de magicien, d'enchanteur, personne qui consulte ceux qui évoquent les esprits ou disent la bonne aventure, personne qui interroge les morts. Car quiconque fait ces choses est en abomination à l'Éternel ; et c'est à cause de ces abominations que l'Éternel, ton Dieu, va chasser ces nations devant toi. Tu seras entièrement à l'Éternel, ton Dieu. Car ces nations que tu chasseras écoutent les astrologues et les devins ; mais à toi, l'Éternel, ton Dieu, ne le permet pas. »

D. « SOYEZ MES IMITATEURS COMME JE LE SUIS POUR CHRIST »

DEUX BELS EXEMPLES A SUIVRE POUR VOTRE CONVERSION :

EXEMPLE1 : La conversion de Paul :

Actes9 : 1-31

« Ananias sortit ; et, lorsqu'il fut arrivé dans la maison, il imposa les mains à Saul, en disant : Saul, mon frère, le Seigneur Jésus, qui t'est apparu sur le chemin par lequel tu venais, m'a envoyé pour que tu recouvres la vue et que tu sois rempli du Saint-Esprit. Au même instant, il tomba de ses yeux comme des écailles, et il recouvra la vue. Il se leva, et fut baptisé ; et, après qu'il eut pris de la nourriture, les forces lui revinrent. Saul resta quelques jours avec les disciples qui étaient à Damas. Et aussitôt il prêcha dans les synagogues que Jésus est le Fils de Dieu. Tous ceux qui l'entendaient étaient dans l'étonnement, et disaient : N'est-ce pas celui qui persécutait à Jérusalem ceux qui invoquent ce nom, et n'est-il pas venu ici pour les emmener liés devant les principaux sacrificateurs ? Cependant Saul se fortifiait de plus en plus, et il confondait les Juifs qui habitaient Damas, démontrant que Jésus est le Christ.»

2Co 11:32-33; Ga 1:18-24; Ac 22:17-21; 1R 17:17-24; 2R 4:18-37

Philippiens3: 1-21

« Au reste, mes frères, réjouissez-vous dans le Seigneur. Je ne me lasse point de vous écrire les mêmes choses, et pour vous cela est salutaire. Prenez garde aux chiens, prenez garde aux mauvais ouvriers, prenez garde aux faux circoncis. Car les circoncis, c'est nous, qui rendons à Dieu notre culte par l'Esprit de Dieu, qui nous glorifions en Jésus-Christ, et qui ne mettons point notre confiance en la chair. Moi aussi, cependant, j'aurais sujet de mettre ma confiance en la chair. Si quelque autre croit pouvoir se confier en la chair, je le puis bien davantage, moi, circoncis le huitième jour, de la race d'Israël, de la tribu de Benjamin, Hébreu né d'Hébreux ; quant à la loi, pharisien ; quant au zèle, persécuteur de l'Église ; irréprochable, à l'égard de la justice de la loi. Mais ces choses qui étaient pour moi des gains, je les ai regardées comme une perte, à cause de Christ. Et même je regarde toutes choses comme une perte, à cause de l'excellence de la connaissance de Jésus-Christ mon Seigneur, pour lequel j'ai renoncé à tout, et je les regarde comme de la boue, afin de gagner Christ, et d'être trouvé en lui, non avec ma justice, celle qui vient de la loi, mais avec celle qui s'obtient par la foi en Christ, la justice qui vient de Dieu par la foi, Afin de connaître Christ, et la puissance de sa résurrection, et la communion de ses souffrances, en devenant conforme à lui dans sa mort, pour parvenir, si je puis, à la résurrection d'entre les morts.

Ce n'est pas que j'aie déjà remporté le prix, ou que j'aie déjà atteint la perfection; mais je cours, pour tâcher de le saisir, puisque moi aussi j'ai été saisi par Jésus-Christ. Frères, je ne pense pas l'avoir saisi ; mais je fais une chose : oubliant ce qui est en arrière et me portant vers ce qui est en avant, je cours vers le but, pour remporter le prix de la vocation céleste de Dieu en Jésus-Christ. Nous tous donc qui sommes parfaits, ayons cette même pensée ; et si vous êtes en quelque point d'un autre avis, Dieu vous éclairera aussi là-dessus. Seulement, au point où nous sommes parvenus, marchons d'un même pas. Soyez tous mes imitateurs, frères, et portez les regards sur ceux qui marchent selon le modèle que vous avez en nous. Car il en est plusieurs qui marchent en ennemis de la croix de Christ, je vous en ai souvent parlé, et j'en parle maintenant encore en pleurant. Leur fin sera la perdition ; ils ont pour dieu leur ventre, ils mettent leur gloire dans ce qui fait leur honte, ils ne pensent qu'aux choses de la terre. Mais notre cité à nous est dans les cieux, d'où nous attendons aussi comme Sauveur le Seigneur Jésus-Christ, qui transformera le corps de notre humiliation, en le rendant semblable au corps de sa gloire, par le pouvoir qu'il a de s'assujettir toutes choses.

EXEMPLE 2 : L'Enfant prodigue : Luc 15 : 11-32

« Il dit encore : Un homme avait deux fils. Le plus jeune dit à son père : Mon père, donne-moi la part de bien qui doit me revenir. Et le père leur partagea son bien. Peu de jours après, le plus jeune fils, ayant tout ramassé, partit pour un pays éloigné, où il dissipa son bien en vivant dans la débauche. Lorsqu'il eut tout dépensé, une grande famine survint dans ce pays, et il commença à se trouver dans le besoin. Il alla se mettre au service d'un des habitants du pays, qui l'envoya dans ses champs garder les pourceaux. Il aurait bien voulu se rassasier des carouges que mangeaient les pourceaux, mais personne ne lui en donnait. Étant rentré en lui-même, il se dit : Combien de mercenaires chez mon père ont du pain en abondance, et moi, ici, je meurs de faim ! Je me lèverai, j'irai vers mon père, et je lui dirai : Mon père, j'ai péché contre le ciel et contre toi, je ne suis plus digne d'être appelé ton fils ; traite-moi comme l'un de tes mercenaires. Et il se leva, et alla vers son père. Comme il était encore loin, son père le vit et fut ému de compassion, il courut se jeter à son cou et le baisa. Le fils lui dit : Mon père, j'ai péché contre le ciel et contre toi, je ne suis plus digne d'être appelé ton fils. Mais le père dit à ses serviteurs : Apportez vite la plus belle robe, et l'en revêtez ; mettez-lui un anneau au doigt, et des souliers aux pieds. Amenez le veau gras, et tuez-le. Mangeons et réjouissons-nous ; car mon fils que voici était mort, et il est revenu à la vie ; il était perdu, et il est retrouvé. Et ils commencèrent à se réjouir. Or, le fils aîné était dans les champs. Lorsqu'il revint et approcha de la maison, il entendit la musique et les danses. Il appela un des serviteurs, et lui demanda ce que c'était. Ce serviteur lui dit : Ton frère est de retour, et, parce qu'il l'a retrouvé en bonne santé, ton père a tué le veau gras. Il se mit en colère, et ne voulut pas entrer. Son père sortit, et le pria d'entrer. Mais il répondit à son père : Voici, il y a tant d'années que je te sers, sans avoir jamais transgressé tes ordres, et jamais tu ne m'as donné un chevreau pour que je me réjouisse avec mes amis. Et quand ton fils est arrivé, celui qui a mangé ton bien avec des prostituées, c'est pour lui que tu as tué le veau gras ! Mon enfant, lui dit le père, tu es toujours avec moi, et tout ce que j'ai est à toi ; mais il fallait bien s'égayer et se réjouir, parce que ton frère que voici était mort et qu'il est revenu à la vie, parce qu'il était perdu et qu'il est retrouvé. »

A. LA REALITE DE L'ENFER

Selon l'exhortation de l'Apôtre Pierre relative à la fin des temps, le système du monde actuel est réservé pour le jugement futur qui viendra par la parole de Dieu, tout comme à la création et le déluge. Dieu prononcera une parole, et ce sera le moment du jugement où tous les hommes rendront compte de la manière dont ils ont mené leur vie sur la terre. « Sachant que des cieux existèrent autrefois par la parole de Dieu, ainsi qu'une terre tirée de l'eau et formée, au moyen de l'eau, et que par ces choses le monde d'alors périt, submergée par l'eau ; mais, par la même parole, les cieux et la terre d'à présent sont gardés et réservés pour le feu, pour le jour du jugement et de la ruine des hommes impies. Mais il est une chose bien-aimé, que vous ne devez pas ignorer, c'est que devant le Seigneur, un jour est comme mille ans, et mille ans comme un jour... »

Le Seigneur lui-même par la parabole ci-dessous, nous édifiât sur les deux lieux où les hommes passeront leur éternité : le Royaume des cieux et l'Enfer.

'' Il y avait un homme riche, qui était vêtu de pourpre et de fin lin, et qui chaque jour menait joyeuse et brillante vie. Un pauvre, nommé Lazare, était couché à sa porte, couvert d'ulcères, et désireux de se rassasier des miettes qui tombaient de la table du riche ; et même les chiens venaient encore lécher ses ulcères. Le pauvre mourut, et il fut porté par les anges dans le sein d'Abraham. Le riche mourut aussi, et il fut enseveli. Dans le séjour des morts, il leva les yeux ; et, tandis qu'il était en proie aux tourments, il vit de loin Abraham, et Lazare dans son sein. Il s'écria : Père Abraham, aie pitié de moi, et envoie Lazare, pour qu'il trempe le bout de son doigt dans l'eau et me rafraîchisse la langue ; car je souffre cruellement dans cette flamme. Abraham répondit : Mon enfant, souviens-toi que tu as reçu tes biens pendant ta vie, et que Lazare a eu les maux pendant la sienne ; maintenant il est ici consolé, et toi, tu souffres. D'ailleurs, il y a entre nous et vous un grand abîme, afin que ceux qui voudraient passer d'ici vers vous, ou de là vers nous, ne puissent le faire.

Le riche dit : Je te prie donc, père Abraham, d'envoyer Lazare dans la maison de mon père ; car j'ai cinq frères. C'est pour qu'il leur atteste ces choses, afin qu'ils ne viennent pas aussi dans ce lieu de tourments. Abraham répondit : Ils ont Moïse et les prophètes ; qu'ils les écoutent. Et il dit : Non, père Abraham, mais si quelqu'un des morts va vers eux, ils se repentiront. Et Abraham lui dit : S'ils n'écoutent pas Moïse et les prophètes, ils ne se laisseront pas persuader quand même quelqu'un des morts ressusciterait''.

B. QUE FAIRE POUR ÊTRE EPARGNE ?

Ce message est une interpellation du Seigneur à tous ceux qui attendent son retour et qui veulent prendre part à l'enlèvent pour le royaume des cieux. C'est pourquoi, que celui qui a des oreilles pour entendre, entende, mais celui qui veut continuer à se souiller, se souille davantage ; Matt.11 :15 ; Apo.21 :27 ; Apo 22 :11,12 ,14.

NB. Toute désobéissance à la voix de Dieu est une porte ouverte qui attire des malédictions sur soi-même ; sur ses descendants/ famille, sur son Assemblée/Eglise ; son peuple et sur sa nation : Exemples « Exo20 :5 » ; Jos7 : 1-25 ; « Acan » ; Saül : « 2Sa21 :1 » David : « 2Sa24-1-25 » ; Jonas : « Jonas1 :1-16 » ; Etc... ''Confiez-vous en l'Éternel, votre Dieu, et vous serez affermis ; confiez-vous-en ses prophètes, et vous réussirez.'' 2Chroniques20 : 20

C. APPEL A REPENTANCE ET A RECEVOIR JESUS :

Jean1 : 11-13 ; Romains10 : 9-10 ; Appocalyps3 : 20 ; 1Jean5 : 11-13

SEIGNEUR JESUS-CHRIST !
MERCI POUR TON INTERPELLATION,

DU FOND DE MON CŒUR, JE REVIENDS A TOI,

JE RECONNAIS AVOIR CONDUIT MA VIE MOI-MÊME, ET JE ME SUIS ELOIGNER DE TOI,

JE VAIS TE DONNER MA VIE,

PARDONNES- MOI DE TOUTES LES FAUTES COMMISES CONTRE TOI

PARDONNES AUSSI MON ENTOURAGE, JE CROIS A LA PUISSANCE DU

SANG DE JESUS-CHRIST REPANDU A LA CROIX POUR MOI,

AUJOURD'HUI, JE TE RECOIS COMME MON SEIGNEUR ET SAUVEUR

PERSONNEL, JE VAIS DEPENDRE DE TOI, FAIS DE MOI,

LA PERSONNE QUE TU DESIRES QUE JE SOIS, DESORMAIS, JE VAIS MARCHER EN NOUVEAUTE DE VIE, ET DANS LA CRAINTE DE MON DIEU

MERCI POUR LA VIE ETTERNELLE QUE TU ME DONNES,

PARCE QUE JE DEVIENS ENFANT DE DIEU,

AU NOM SUPREME DE JESUS-CHRIST !

AMEN !

NB : POUR ENRICHIR CE TRAVAIL, DEUX OUVRAGES ONT ETE MIS A PROFIT : LA SAINTE BIBLE LOUIS SEGOND AVEC COMMENTAIRES DE JOHN MAC ARTHUR (Nouvelle Edition Genève 1979) ET L'ENCYCLOPEDIE BIBLIQUE.

COMMENCEZ A FREQUENTER UNE EGLISE VIVANTE Où JESUS EST SEIGNEUR ET LE SAINT-ESPRIT EST AU CONTRÔLE DE TOUT.

Table des matières

More Books!

I want morebooks!

Buy your books fast and straightforward online - at one of world's fastest growing online book stores! Environmentally sound due to Print-on-Demand technologies.

Buy your books online at
www.morebooks.shop

Achetez vos livres en ligne, vite et bien, sur l'une des librairies en ligne les plus performantes au monde!
En protégeant nos ressources et notre environnement grâce à l'impression à la demande.

La librairie en ligne pour acheter plus vite
www.morebooks.shop

info@omniscriptum.com
www.omniscriptum.com

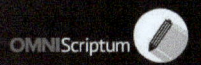

Printed by Books on Demand GmbH, Norderstedt, Germany

MIX
Papier aus verantwortungsvollen Quellen
Paper from responsible sources
FSC® C105338

Printed by Books on Demand GmbH, Norderstedt / Germany